Une Conférence de Valerio Olgiati

e vais vous montrer quatre projets, trois bâtiments réalisés et une étude pour un concours. Ensuite je ous présenterai une collection d'images que j'appelle mon « autobiographie iconographique ». Il s'agit 'une tentative d'explication des sources de mon architecture par des images. Nous allons commencer ar une photographie. Merci d'éteindre les lumières.

Nous débutons par la photo d'une exposition de mon travail à l'École polytechnique de Zurich. Vous voyez des maquettes blanches, comparables, car toutes à la même échelle : 1/33. Il n'y a pas de contexte. Les bâtiments sont pour ainsi dire arrachés hors de terre, tels des arbres déracinés. Je commence par ce cliché, car je suis convaincu qu'il est possible de faire une architecture qui ne soit pas essentiellement contextuelle. Au cours de ces vingt dernières années, la question de la contextualité est devenue une contrainte incontournable. Elle est désormais un positionnement moral déterminant toutes les prémisses d'un projet. Les architectes ne réalisent plus que des projets en réaction à leur environnement. Pour ma part, je pense que l'architecture peut se développer à partir d'une idée, d'une pensée, et qu'une idée n'a pas fondamentalement à être liée au contexte. Comme exemples historiques, je peux citer les temples ou les églises ou encore les étables, presque toujours non contextuels. Ce sont pourtant, la plupart du temps, de magnifiques bâtiments. Nés d'une idée, ils ne réagissent pas uniquement et exclusivement à des objectifs contextuels, économiques, techniques et fonctionnels. Je suis convaincu qu'il est possible et même nécessaire de concevoir aujourd'hui un projet à partir d'une idée et de créer des bâtiments susceptibles de correspondre à l'intelligence culturelle de l'époque actuelle

Nous en arrivons maintenant au premier projet. Il s'agit du musée pour le Parc national suisse de Zernez.
C'est un bâtiment presque tout en béton. Vous n'en voyez ici qu'une partie, le détail d'une fenêtre.

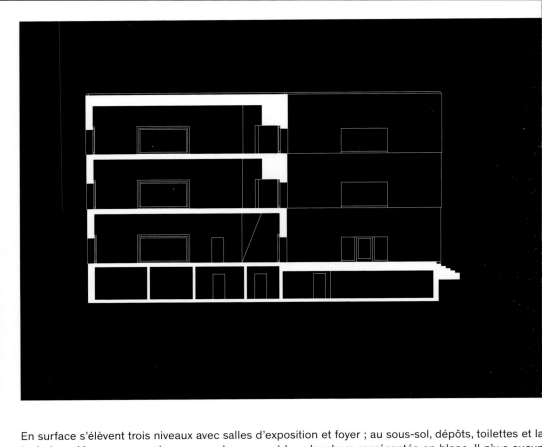

En surface s'élèvent trois niveaux avec salles d'exposition et foyer ; au sous-sol, dépôts, toilettes et la technique. Vous pouvez voir en coupe les murs et les planchers représentés en blanc. Il n'y a aucun détail. Tout est coulé en béton. Les murs sont en béton isolant, les dalles en béton normal. On me demande toujours si le bâtiment est chauffé. Il y a un chauffage, un système d'aération avec conservation de chaleur, un éclairage et un réseau informatique sans fil. Le bâtiment pourrait tout aussi bien être un musée d'art contemporain. Pourtant, aucun détail n'est visible, les possibilités techniques ne sont pas révélées.

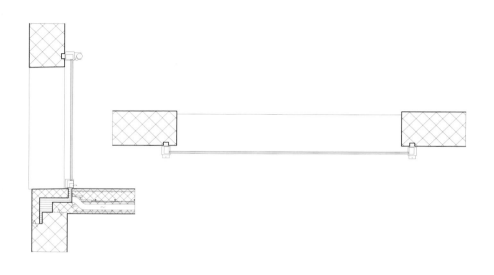

Venons-en maintenant à la coupe et au plan d'un détail. Le mur mesure 55 cm d'épaisseur ; on y a placé un châssis de fenêtre en métal et verre avec rupture de pont thermique. Pour la bonne compréhension de ce que l'on voit, il me faut signaler que, dans le plan, la face extérieure est en haut. De l'extérieur, on n'aperçoit pas ce châssis, car il est légèrement plus grand que le jour. Dans le mur sous la baie se trouve une petite cavité isolée afin d'augmenter la distance de refroidissement de l'embrasure et de la rendre énergétiquement plus efficace. En coupe, vous voyez, dans le plafond, l'aération, la précontrainte, la technique informatique et le chauffage. Nous en avons ainsi terminé avec les détails ; l'ensemble du bâtiment est coulé dans un seul bloc de béton, sans reprise ni joint en silicone.

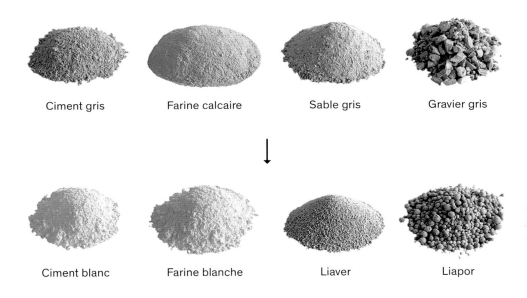

Ciment gris   Farine calcaire   Sable gris   Gravier gris

Ciment blanc   Farine blanche   Liaver   Liapor

Nous avons ici les composants du béton. En général, ce matériau est un mélange de ciment gris et de gravier gris, le gravier gris pouvant être séparé en farine calcaire, sable gris et gravier gris. Pour notre bâtiment, nous avons remplacé ces quatre éléments : le ciment gris par du ciment blanc et la farine calcaire par de la farine blanche. Au lieu du sable gris, nous avons pris de petites billes de verre expansé nommées Liaver. Finalement, au lieu du gravier gris, nous avons retenu le Liapor, un matériau volcanique composé de billes riches en occlusions d'air. Les murs sont constitués de ce mélange. Avec une épaisseur de 55 cm, nous sommes parvenus à satisfaire les exigences actuelles en matière de consommation d'énergie.

Vous apercevez à gauche le rez-de-chaussée, au milieu le premier étage et à droite le second. En plan, le bâtiment se compose de deux carrés, en trois dimensions, de deux cubes qui se chevauchent à l'angle. Ce projet a fait l'objet d'un concours que nous avons gagné. Nous avions découvert que l'on pouvait rassembler l'ensemble du programme, assez complexe d'ailleurs, en six salles de la même taille. Nous n'avons donc pas conçu un assemblage de pièces de puzzle de tailles différentes. Cela aurait été une source constante de conflits, car il aurait manqué des pièces, des espaces seraient restés inutilisables ou laids. Le fait que l'on puisse fonctionner avec six salles semblables a constitué notre point de départ. On peut aussi considérer cela comme la programmation génétique du projet. Avec l'illustration suivante, j'aimerais décrire le parcours à travers le bâtiment. Le trait orange indique le sens de la montée et le vert, celui de la descente. Du niveau de la rue vous arrivez au foyer par une plate-forme ; vous vous trouvez alors en face d'un escalier qui, se divise en deux en montant. Vous pouvez le prendre à droite ou à gauche. Vous arrivez au premier étage et, par l'une des quatre ouvertures, vous pénétrez dans la première salle. De là, vous continuez de la même manière. Vous sortez de la salle par une autre ouverture et gravissez un deuxième escalier. Au second étage, vous parvenez dans une salle strictement identique à la précédente, vous en sortez comme auparavant. Cette fois, cependant, vous n'arrivez pas devant un escalier, mais vous empruntez un passage pour parvenir à la salle d'exposition suivante. Celle-ci est, de nouveau, en tous points semblables aux deux précédentes. De là, vous descendez par le même dispositif qu'à la montée et vous parvenez à l'escalier où vous avez débuté votre visite. Dans les étages supérieurs, on traverse donc quatre salles semblables et, au rez-de-chaussée, on a la même disposition, mais sans murs de séparation. C'est un système labyrinthique comportant des répétitions et des salles avec quatre baies orientées chacune vers un point cardinal.

Le rez-de-chaussée avec le foyer

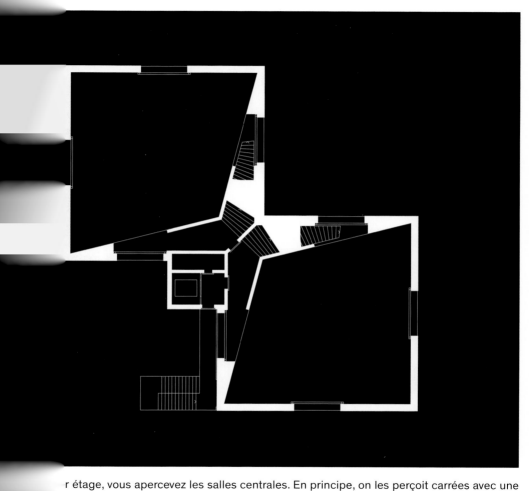

r étage, vous apercevez les salles centrales. En principe, on les perçoit carrées avec une
sion comme si elles étaient en léger mouvement. Dans chacune d'elles, on peut regarder
ne au sud, à l'est comme à l'ouest.

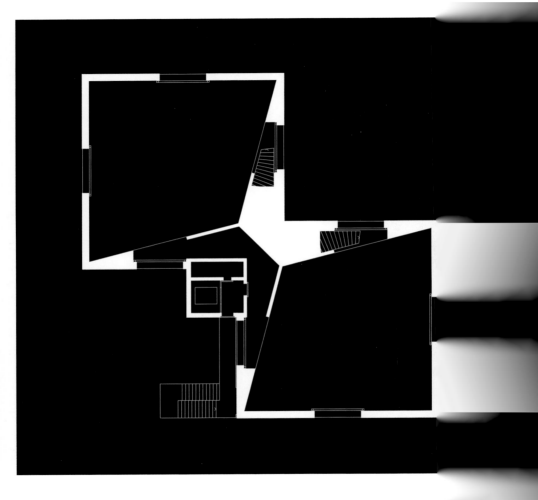

Les salles du second étage sont identiques à celles du premier. Leur taille est d'e[...]
la surface brute de chaque étage étant d'environ 400 m².

Le bâtiment se dresse sur un socle ; on distingue trois niveaux. Les châssis des fenêtres sont en retrait, invisibles. On ne voit que l'enveloppe de béton. Les petites avancées à chaque étage suggèrent une tectonique de corps creux.

L'ensemble n'est composé que d'un seul matériau, du béton presque blanc, coulé sur place sans joints
Le sol est poli, puis bouchardé. Les cadres des fenêtres et la main courante sont en bronze.

L'entrée est basse. Le linteau, à 1,90 m, accroît l'impression de traverser un mur. On perce le mur pour rentrer dans un autre monde. A l'intérieur, au centre des salles, on ressent le bâtiment avec ses linteaux de fenêtres bas comme extrêmement introverti. Toutefois, plus on s'approche des baies ou du pourtour, plus l'espace s'ouvre.

Les sols sont en béton coulé sur place, puis poli, ce qui laisse apparaître les granulats, les graviers
Les murs extérieurs et les cloisons intérieures sont en béton isolant.

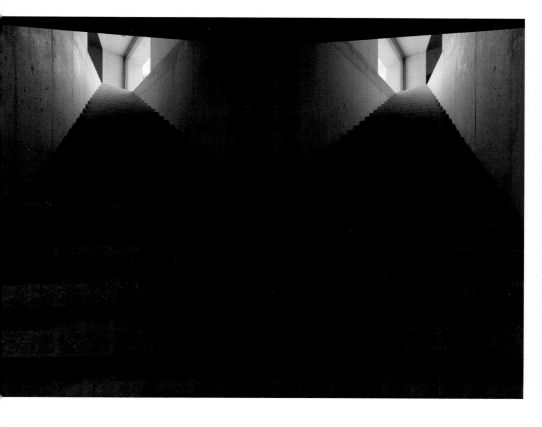

C'est par cet escalier double que commence et se termine la visite. Comment décide-t-on de la direction à prendre ? Un choix est nécessaire. Le visiteur doit commencer à réfléchir. Il tente de comprendre, de saisir le système régissant le bâtiment. C'est là que débute la compréhension du bâtiment. Simple à saisir de l'extérieur, complexe de l'intérieur. Telle est la véritable idée de ce bâtiment en forme de deux cubes qui se touchent avec 24 fenêtres identiques ; simple et facile à comprendre. Ensuite, on entre et on traverse un monde quasi labyrinthique. Après l'avoir parcouru et en être ressorti, on en saisit à peine les relations. Et cela, même si l'on s'efforce de comprendre…

La même salle photographiée deux fois en diagonale : vers le sud, puis vers le nord.

La même salle à partir de deux points de vue opposés

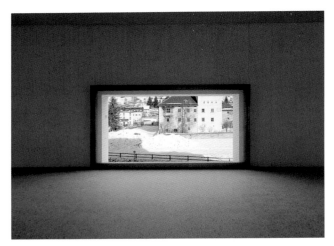

Deux vues vers l'est à partir de différentes salles au même étage. Dans la photo du bas, on voit que l distance jusqu'au château est plus grande que dans celle du haut.

scalier avec le corridor lui faisant suite

Accès à la salle d'exposition à droite, au bout du corridor

l'escalier en béton coulé sur place, poli et bouchardé

Le bâtiment dans le village

Vue arrière avec ascenseur et escalier de secours. Ascenseur et escalier de secours ne font pas vérita-blement partie du système, on n'aurait pas pu les cacher à l'intérieur. On les a donc repoussés en façade arrière. Ce n'est qu'en regardant le bâtiment sous cet angle que l'on sait qu'il n'y a ni murs ni sols creux ou doubles à l'intérieur, qu'il n'y a pas d'artifices. Ce fait est important pour l'aspect labyrinthique. Seule, en effet, la confusion authentique peut convaincre. Et pour moi personnellement, il est important que l'idée de base reste pure. Aussi dans la tête.

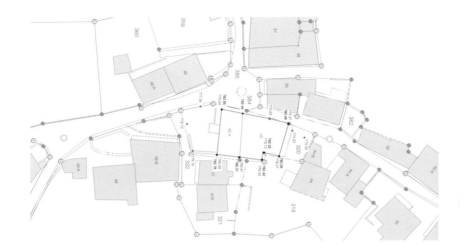

Venons-en au projet suivant. Le maître d'ouvrage est un musicien suisse connu. Il vit avec sa famille à Scharans, un magnifique petit village. Il y a environ cinq ans, celui-ci y a acheté une étable. Il fallait la démolir et la remplacer par un bâtiment neuf. Or nous sommes dans la zone patrimoniale du village, une aire régie en Suisse par un très grand nombre de règlements d'urbanisme et, à Scharans, certains sont même d'intérêt national. Pendant trois ans, nous avons échafaudé différents projets. Le commanditaire habite avec sa famille à une cinquantaine de mètres dans une maison ancienne. Ses souhaits pour sa nouvelle demeure sont longtemps restés flous. On a envisagé un jardin, une maison d'habitation, un atelier avec un appartement séparé, etc. Parallèlement à nos différentes propositions, le maître d'ouvrage en personne est resté en rapport permanent avec les autorités locales. Malgré cela, lorsque nous avons soumis un premier projet pour autorisation, il n'a pas été accepté. On nous a affirmé que la réalisation de cet ouvrage requérait un trop grand nombre de dérogations. Suite à cela, nous avons rencontré plusieurs représentants de la commune qui se sont alors déclarés favorables à notre projet. Après quelques discussions avec le président et l'avocat de la commune ainsi que le conseiller à l'urbanisme, nous avons trouvé une solution préservant les intérêts de la communauté et l'espace public. À savoir, reconstruire exactement le même volume que celui de l'ancienne étable, au millimètre près. De cette manière, le permis de construire a pu être accordé. Le bâtiment existant, édifié de longue date par les paysans, devait servir de base à nos plans ; il fallait tout reproduire, même ce qui était le fruit du hasard. Le trait jaune montre ce qui a été démoli et le rouge, ce qui pouvait être construit à neuf. On voit que les lignes se superposent.

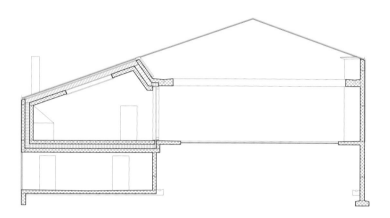

Une coupe du projet. Ici aussi, le jaune indique l'ancienne silhouette du bâtiment. Notons en particulier e pignon qui a dû être restitué.

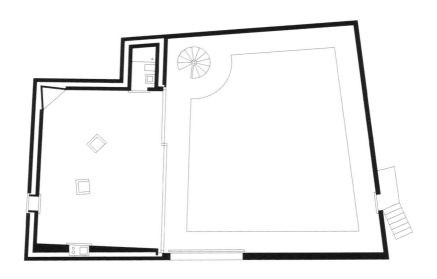

Je voudrais maintenant vous expliquer le principe de cette maison. Le problème de toutes ces prescriptions légales a été que le maître d'œuvre n'avait pas les moyens de s'offrir une maison de cette taille. Le volume qu'il fallait reconstruire était tout simplement trop grand et donc trop cher. Une solution paraissait de prime abord impossible. Jusqu'à ce que me vienne l'idée qu'un volume non isolé et non chauffé coûtait bien moins cher qu'un espace chauffable. Un de mes collaborateurs a donc calculé ce qu'on pouvait construire avec le budget du maître d'ouvrage. Le résultat a été l'édification d'un mur de séparation entre l'atelier et la cour exactement à l'emplacement où il se trouve aujourd'hui et où nous le voyons sur le plan. Grâce à cette cour assez vaste, nous avons pu rester dans le cadre du budget. Si le maître d'œuvre avait eu plus d'argent, la cour aurait été plus petite. Le hasard a ainsi voulu que cette partie, de quelque 150 m², soit de plan presque carré. Par rapport au village qui l'entoure, à ses rues et ses places, elle est dotée de dimensions réellement monumentales. Cette masse et cette forme ont rendu possible une construction d'une aspiration absolue dans une structure conçue par des paysans. Cela a d'ailleurs été la raison pour laquelle ce projet a commencé à me plaire. Soudain, un travail de réflexion rencontrait le fruit du hasard.

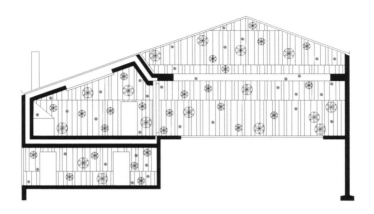

Dans cette coupe, nous voyons à gauche la seule pièce chauffable du bâtiment, l'atelier d'une surface de 65 m². C'est ici que le maître de maison écrit et compose. Un de mes amis, jeune avocat, m'a déclaré après avoir pris connaissance des coûts, qu'avec ses possibilités financières il n'aurait sans doute pu se payer qu'une cour avec des toilettes chauffées… Nous avons construit un système à double coque en béton où l'espace intérieur qui flotte, pour ainsi dire, dans l'isolation est entouré d'un mur ceignant le tout. La maison est chauffée grâce à des panneaux solaires. Son aération est dotée d'un récupérateur de chaleur. La maison est énergétiquement autonome. Le plafond est pourvu d'éléments acoustiques permettant de réaliser des prises de son dans l'atelier. Chaque fois que cela est nécessaire, un camion équipé en studio d'enregistrement stationne devant la maison et on le relie à l'intérieur par des câbles. La maison est tout en béton. Les motifs ronds que vous distinguez sur le plan sont des rosettes. Des centaines de rosettes décorent les murs intérieurs et extérieurs, ainsi que les plafonds. J'utilise le béton pour presque tous mes projets. Ce matériau me permet de couler une idée dans la pierre sur place. En moulant ainsi une forme, je donne à mes bâtiments une nature organique, tout le contraire du modulaire.

Les coffrages sont en bois provenant de la forêt alentour. On a abattu les épicéas au printemps. Un charpentier en a fait des planches de différentes largeurs qu'il a laissées sécher avant de les raboter. Vous apercevez ici les planches de coffrage entreposées.

Vous voyez ici comment les rosettes sont taillées dans les planches. Quand vous coulez le béton, il convient de penser à sa surface. L'idée de tatouer, en quelque sorte, une maison nous a bien plu. Les ornements constituent des citations telles que nous en connaissons dans le monde paysan, ils ne proviennent ni d'une haute civilisation ni d'une culture urbaine. Symbole universel, j'ai vu la rosette aussi bien en Europe qu'en Asie et en Amérique du Sud. Sa naïveté est le reflet de la culture campagnarde du village où nous nous trouvons. Nous ne connaissons cependant pas de rosettes de ce type sur des façades de bâtiments, mais seulement sur du mobilier. En ornant la maison, elles en modifient le caractère. Le bâtiment donne l'effet d'un meuble. En tout, il fallait couler environ 500 rosettes. Nous avons pu réutiliser trois à cinq fois les planches de coffrage. Il a donc fallu tailler environ 150 motifs. Deux menuisiers ont travaillé pendant deux mois pour les sculpter à la main. Même les cercles ont été dessinés à main levée sans gabarit. Le béton coulé sur place présente un aspect très artisanal et la réalisation de ces motifs avec un robot fraiseur était hors de question. Nous avons privilégié la méthode artisanale afin que l'unité visée ne souffre d'aucune rupture.

Un détail de la façade en béton teinté dans la masse en brun-rouge, une teinte rappelant celle de la terre cuite. Au crépuscule, le bâtiment semble brun, de jour, il paraît plutôt rouge. Il oscille entre deux caractères : terreux et artificiel.

a façade est percée d'une grande ouverture sur la cour intérieure mesurant environ trois mètres sur rois et qui peut être fermée par une porte. Il en résulte un refuge avec une seule ouverture vers le ciel.

Avec la porte ouverte

es ornements disparaissent en partie dans le sol ; en fait, ils commencent aux fondations. Je suis
onvaincu que l'on comprend un bâtiment de la même manière qu'on le ressent. L'idée que les ornements n'existent que là où on les voit est insupportable et incompréhensible.

La vue vers la cour. Dans la vitre de la fenêtre coulissante on aperçoit le reflet de l'ouverture zénithale ronde.

Atelier et cour. La baie coulissante est ouverte. Elle est pourvue d'un moteur électrique car son poids de 2,5 tonnes ne permet pas de la manœuvrer à la main. Le châssis est plus grand que le jour dans le béton, l'encadrement est de ce fait invisible depuis l'extérieur, caché par les arêtes. Cela donne une forte sensation d'ouverture mais résulte, en fait, de l'impossibilité de former une surface unie avec un élément en acier et un autre en béton. La précision du béton vu étant de un à deux centimètres et celle de l'acier de un à deux millimètres, il est impossible d'ajuster avec exactitude ces deux matériaux de construction. En règle générale, il y a dans les interstices d'affreux joints de silicone. C'est pourquoi, dans nos constructions, nous séparons géométriquement les éléments en béton de ceux relevant de techniques plus précises.

Dans la cour, vous voyez l'ouverture zénithale apparemment circulaire, mais en fait elliptique. Cette caractéristique n'est pas perceptible : la cour formant un quadrilatère irrégulier semble carrée et la baie zénithale paraît ronde. Cet aspect monumental donne à cet espace un caractère concerté.

a cheminée ouverte. Derrière la porte se cachent de petites toilettes. Les châssis des fenêtres coulis-
santes sont ici aussi posés en applique sur les bords en béton. Le verre a été traité spécialement pour
ne paraître ni bleuâtre ni verdâtre. Au plafond, vous reconnaissez des éléments acoustiques.

La cheminée ouverte

Le mur extérieur s'épaissit dans le fond pour abriter une petite cuisine, derrière la porte à gauche.

L'entrée du bâtiment

Vous voyez ici que le faîte des murs de la cour est recouvert de tôle de cuivre. La maison possède ainsi un toit et les parois intérieures de la cour sont à l'ombre. On a en même temps l'impression que cette dernière est entourée de façades, c'est-à-dire de maisons.

Le projet que je vous montre ici était un concours. Nous ne l'avons pas remporté. Si je vous le montr[e] néanmoins, c'est qu'il me permet de vous expliquer quelque chose d'important. À savoir notre idé[e] la manière dont nous réaliserions une construction en ossature. Depuis plusieurs années, nous e[n] étudions les aspects possibles, mais nous ne sommes pas encore parvenus à en réaliser. Je ne su[is] donc pas en mesure de vous présenter un bâtiment construit de ce type.

s'agit du nouveau bâtiment du Learning Center de l'École polytechnique fédérale de Lausanne (EPFL). Vous voyez ici le niveau 0, c'est-à-dire le niveau de la rue du campus sur le plan de situation. La ligne rouge délimite le périmètre du concours, les voies de circulation publiques sont marquées en orange, es privées, en bleu. Ce qu'il y a d'insolite avec cette université, c'est que le niveau du sol est occupé essentiellement par la circulation routière et qu'il n'y a presque pas de piétons.

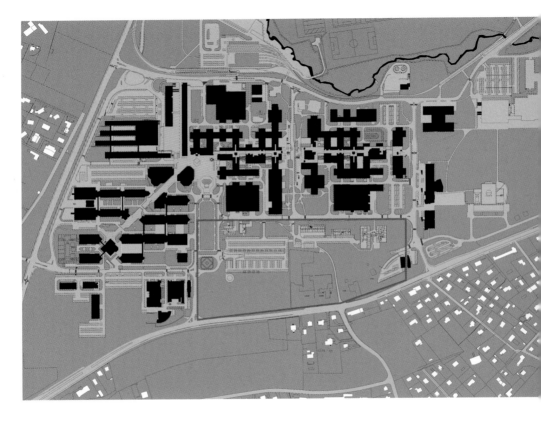

Nous nous trouvons au premier étage. Les voies piétonnes sont indiquées en orange. Elles se déve-
loppent en suivant un axe desservant l'ensemble des facultés. Pour aller d'une extrémité à l'autre, il fau
au piéton environ huit minutes. La mission consistait à dessiner dans le périmètre marqué en rouge u
bâtiment abritant les services centraux pour tout le campus : bibliothèque, médiathèque, bureau
auditorium, restaurant, café, librairie, école de langues, etc. Un lieu de rencontre et d'échange pour le
étudiants des différentes facultés. Le problème essentiel était, d'une part, comment rattacher un centr
à un système linéaire et, d'autre part, comment relier deux systèmes de niveaux différents.

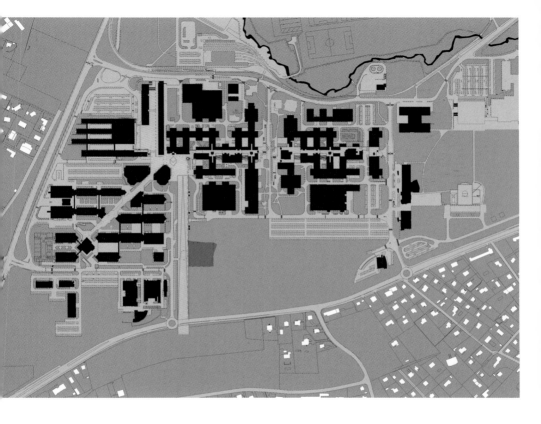

out d'abord, nous avons proposé une rampe de trente mètres de large pour relier l'axe piétonnier au érimètre du concours. Dans le prolongement de cette rampe, au bas du dessin, de l'autre côté de la ue, ce situe un terrain sur lequel l'université souhaite construire dans un avenir proche des résidences studiantines. Grâce à cette rampe, les piétons venant de cette zone auraient été directement reliés à axe central du campus à laquelle nous avons accolé le futur bâtiment du Learning Center, ici en rouge.

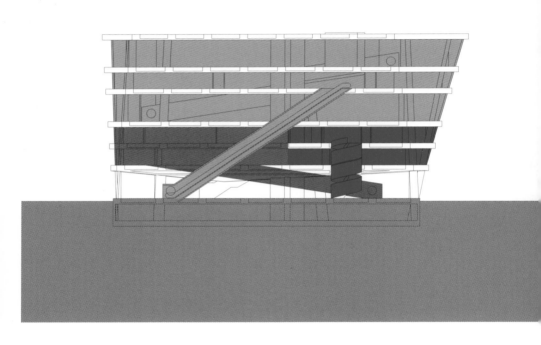

Nous distinguons six niveaux. Les différentes couleurs en indiquent les fonctions. Au rez-de-chaussée, on trouve un foyer complètement ouvert, sans aucun mur. De là, on monte aux étages supérieurs. Chaque fonction bénéficie de sa propre liaison avec le foyer. Pour aller à la bibliothèque ou à la médiathèque, on emprunte un escalator, on accède au restaurant par un escalier à vis et, pour se rendre à l'auditorium, on dispose d'une très large rampe.

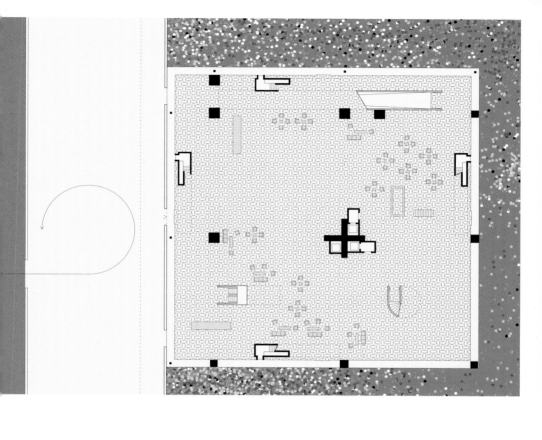

e plan du rez-de-chaussée. Tout est vitré. On distingue peu d'éléments porteurs ; ils sont indiqués n noir. Les piliers mesurent 180 × 180 cm. Vous voyez aussi une couronne extérieure de poteaux de ˈ5 × 25 cm de section. À première vue, l'ensemble de cette structure semble assez peu coordonné.

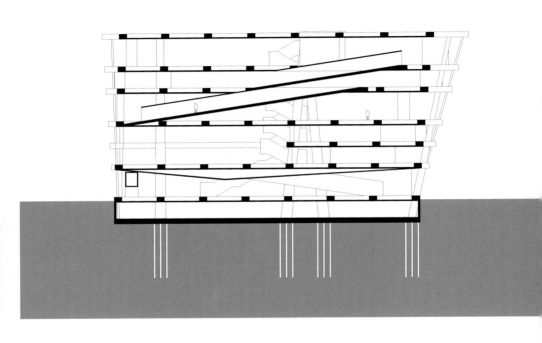

Dans cette coupe, vous apercevez les nervures dans les dalles de sol formant un plancher creux incorporant les réseaux de câbles.

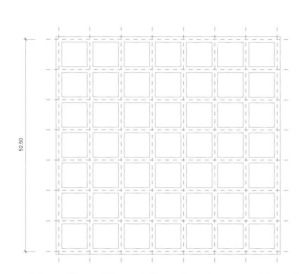

52.50

Je vais vous expliquer maintenant le système statique. Je suis persuadé que la structure est le noyau de la pensée logique de l'architecte, pour autant que la pensée logique l'intéresse. Pour moi, tous les autres aspects de l'architecture me semblent arbitraires et irrationnels. Je suis souvent confronté à des situations où je n'arrive pas à me décider. Réduire une architecture à des questions de structure, c'est-à-dire de statique, signifie définir des critères de choix. En matière de statique, une science, nous sommes dans le domaine de l'intelligible. Je suis convaincu que la structure constitue la véritable génétique de l'architecture et que cela vaut la peine de se livrer à un travail de réflexion particulier dans ce domaine. Se préoccuper des surfaces est certes tout aussi important. Toutefois, au cours de ces trente dernières années les architectes se sont attachés à cette question ad nauseam. Poursuivre dans cette voie ne ravivera pas l'architecture. Vous voyez ici le foyer au rez-de-chaussée. 52 × 52 m. Les nervures mesurent 140 cm de large. Elles forment 49 caissons de 750 cm d'entraxe. Cette portée permet un ferraillage traditionnel de la dalle de béton. Cela signifie que seules les nervures, c'est-à-dire les poutres et les supports, requièrent une armature spéciale. Les lignes bleues indiquent les axes des nervures.

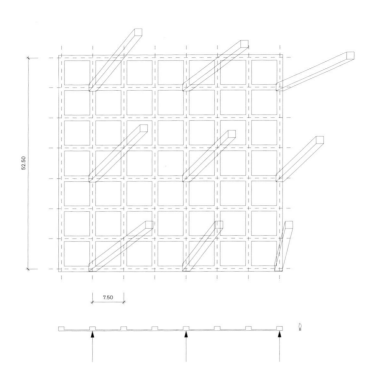

52.50

7.50

Nous avons opté pour 9 piliers placés à 22,50 m les uns des autres. Avec ces portées et ces encorbel
lements, nous sommes en réalité dans le domaine de la construction de ponts. Le véritable problème
de toute construction en ossature est moins de calculer l'action des forces verticales que de détermi
ner comment les efforts horizontaux, comme le vent ou les tremblements de terre, sont transmis au:
fondations.

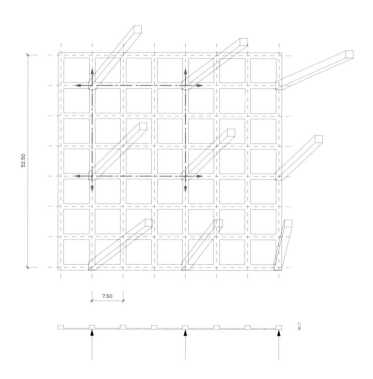

52.50

7.50

Pour rigidifier l'ensemble de notre structure, il suffirait d'assurer sur 4 piliers la stabilité aux poussées horizontales.

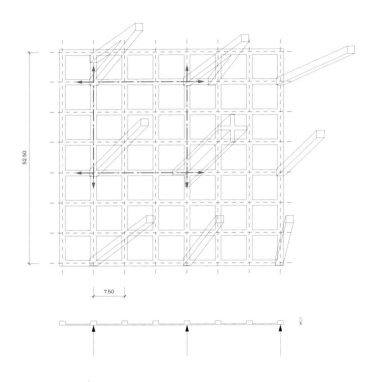

52.50

7.50

Le pilier en forme de croix assure le raidissement dans deux directions et les 2 piliers en forme de ⌐ assurent la stabilité de la structure dans les deux autres directions. Le bâtiment est ainsi contreventé de manière adéquate.

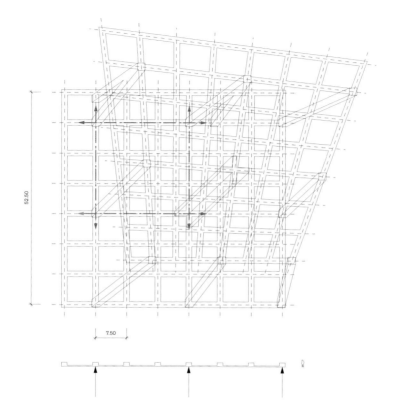

es croisements des nervures se situent toujours au centre des piliers. L'étape suivante a consisté à décider que toutes les dalles de sol auraient des surfaces identiques. Cela signifie que tous les étages possèdent exactement le même nombre de mètres carrés. Ces deux paramètres entraînent une distortion des dalles de sol de plus en plus forte à chaque étage. Ce qui à son tour signifie que là où l'on accède au bâtiment, c'est-à-dire au centre du campus, l'espace est carré. Cela revient à dire que l'espace central du campus est basé sur le carré. Et à partir de ce carré, le bâtiment s'étire pour ainsi dire de manière arbitraire au fur et à mesure qu'il s'élève.

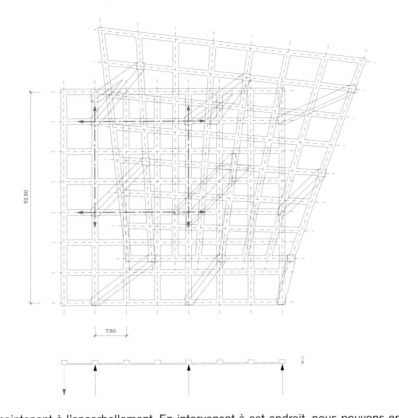

J'en arrive maintenant à l'encorbellement. En intervenant à cet endroit, nous pouvons encore affiner toute la structure et la rendre plus efficace. Imaginons une table sur laquelle on s'assied. Son centre fléchit et les bords se relèvent. C'est exactement ainsi que se comporte notre structure. Pour éviter cela, nous exerçons sur l'extrémité du réseau des nervures une traction vers le bas à l'aide de haubans. Représentée ici par la flèche rouge. Le béton armé est en effet composé, d'une part, d'un mélange de gravier et de ciment et, d'autre part, d'acier. Le mélange de gravier et de ciment est soumis à la pression et l'acier à la traction. Pour notre structure, cela veut dire que nous allons bétonner nos haubans en forme de piliers de 25×25 cm.

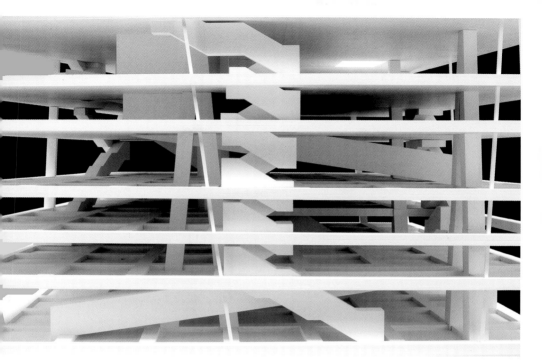

Voici maintenant la maquette du gros œuvre. Bien que tout y soit logique, cela donne au premier abord l'impression d'un chaos émotionnel. En fait, une structure incompréhensible. Pourtant, à celui qui en décode les formes, tout paraît on ne peut plus rationnel. Il s'agit ici d'une construction reposant sur une logique absolue. Si vous supprimez une poutre ou un pilier, tout s'effondrera au premier tremblement de terre, et pas seulement en partie, mais en totalité. Ce n'est pas une construction à ossature fonctionnant comme un système dalles-piliers traditionnel où les différentes parties sont juxtaposées et superposées. Ce n'est pas un système modulaire où les éléments sont placés de manière répétitive à côté et au-dessus des uns des autres. Cette structure est différente, elle est comparable à une plante, elle a une nature orga-nique. Tout est interdépendant, chaque partie provient de la précédente pour s'intégrer à la suivante. Tout cela n'est possible qu'en béton. Ni le métal, ni le bois, ni la brique me permettent de développer ces interdépendances, seul le béton me laisse construire ce qu'on pourrait appeler un véritable organisme.

L'escalier à vis menant au restaurant

Les escaliers de secours et, derrière eux, la rampe qui conduit à l'auditorium, enveloppée dans un tube rectangulaire.

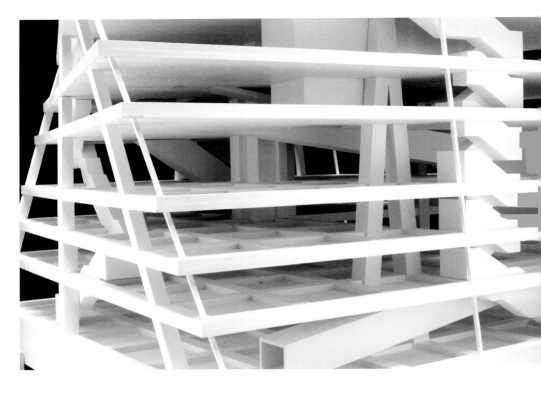

On distingue ici très bien les piliers en forme de A.

Quelques images de synthèse

Grâce au personnage, on peut se rendre compte des proportions

l'entrée dans le bâtiment

Le foyer de plan carré. Au plafond, on aperçoit une pyramide inversée. Le point le plus bas, la pointe, se trouve à l'exacte intersection des diagonales de la dalle de sol. Au milieu, le plafond est donc bas et il s'élève vers les fenêtres. L'espace s'ouvre de ce fait vers l'extérieur et, en le parcourant, du fait de la hauteur variable, on le ressent comme une masse en mouvement. Le foyer apparaît toutefois comme un endroit protégé.

Vue extérieure du bâtiment

Voici une photo de l'exposition de mes travaux à l'École polytechnique fédérale de Zurich (EPFZ). Des maquettes blanches à l'échelle 1/33 à côté de plans et de photos de projets. Je voudrais maintenant parler des représentations qui sont disposées sur des panneaux au ras du sol. Il s'agit d'images sans rapport direct avec les projets présentés.

Il y a quelque temps, j'ai essayé d'expliquer mon architecture non avec des mots mais avec des images. 315 en tout. C'est un mode d'explication très associatif. Ces images montrent quelque chose qui m'intéresse au plus haut point. Soit à cause du motif, soit par la composition, soit encore en raison du contenu. J'aurais pu en choisir un millier, mais, à force de réflexion et de tri, leur nombre s'est réduit de plus en plus. À la fin, ne sont restées que celles qui m'influencent réellement, celles qui planent au-dessus de moi quand je pense à mon architecture. J'ai intitulé cette collection personnelle : « Autobiographie iconographique ».

A.^d Cuvillier lith.   Briquet & fils à Genève   Imp. Lemercier, Paris

Villa Fanci et Taris (Lac de Côme)

La première image est une gravure du XIXe siècle représentant le lac de Côme. Je dois tout d'abord remonter loin. Mon père, qui était aussi architecte et qui m'a beaucoup influencé, a suspendu à ma naissance cette reproduction encadrée sous verre à côté de mon berceau à la hauteur de mes yeux. Rendez-vous compte ! Durant toute mon enfance, cette image se trouvait à quarante centimètres de ma tête. J'ai grandi avec elle, chaque matin à mon réveil, mon premier regard était pour elle. Mon père m'a dans une certaine mesure manipulé, il m'a programmé avec ses préférences personnelles. Et bien sûr, en matière de goûts, j'ai la même sensibilité que lui. Quand je dois faire un choix, je pars toujours d'une situation classique, semblable à celle de la gravure. Ce que je préférerais, c'est construire des maisons ressemblant à celles de cette image. Et ce magnifique bateau me plaît, glissant seul à la surface de l'eau, piloté par un solitaire.

Cette image montre une queue d'aronde japonaise. Cet assemblage est le fruit de réflexions, d'une part, sur le flux des forces dans un objet tridimensionnel et, d'autre part, sur les spécificités du bois. Il témoigne d'un travail artisanal d'une extrême précision. Et, pour en venir à l'architecture, j'aimerais affirmer ici qu'une pensée précise requiert une exécution précise. Je ne crois pas, par exemple, que les moyens financiers restreints puissent expliquer voire justifier une exécution bâclée.

Nous sommes au Machu Picchu, Pérou. Le mur latéral d'un temple inca. Les très grands blocs de granite sont taillés et assemblés avec une inexplicable précision. Je ne voudrais pas interpréter l'habileté des Incas du seul point de vue technique. Je crois plutôt que ce peuple a tenté de donner à ce bâtiment divin une forme qui défie les considérations et les possibilités terrestres. Les blocs de pierre ont, par exemple, été travaillés et assemblés durant plus de quatre-vingt-dix ans par plusieurs générations d'artisans. Ici, l'exactitude est l'expression d'une conscience absolue de soi.

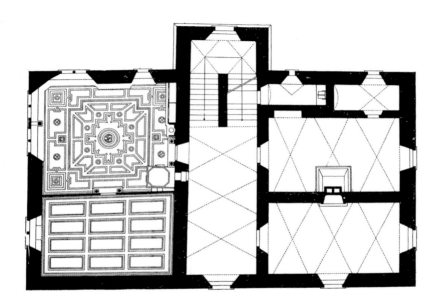

Nous avons ici le plan d'une demeure patricienne datant de 1650 environ. Elle se trouve aux Grisons, mon canton d'origine et ma résidence actuelle. La disposition des pièces est simple : à droite du corridor, des salles en pierre crépie avec des plafonds voûtés et, à gauche, des pièces lambrissées richement décorées. Cette dualité constitue l'un des principes de base de l'architecture traditionnelle des Grisons. Il ne s'agit pas d'une tentative de pondération, d'harmonisation de deux caractères différents, mais d'une décision quelque peu ostentatoire de faire se côtoyer deux mondes fondamentalement différents. Ce caractère correspond très exactement à notre culture.

Le Taj Mahal. Pour moi, une des expériences majeures, peut-être la plus forte, presque une révélation. Entouré de bâtiments infiniment beaux en pierre ocre, brun-rouge, le Taj Mahal, entièrement fait du même marbre blanc lumineux, peut faire penser à une apparition. Une pure idée.

C'est une miniature indo-persane en ma possession. Elle est petite, à peine plus grande qu'une carte postale. Exactement au centre du jardin se trouve une maison à laquelle mènent quatre chemins venant des quatre points cardinaux. Le jardin est ceint d'un mur et, à l'extrémité d'un des chemins, se trouve l'entrée. Trois femmes se tiennent dans la maison, le centre du monde. Le mur est de teinte ocre et la maison est blanche. Elle illustre le paradis et l'enceinte, le monde. Je suis persuadé qu'ici, la couleur blanche symbolise l'idée et le brun-rouge la réalité.

Monte Albán au Mexique. Ce site précolombien se dresse au sommet d'une montagne dans la vallée d'Oaxaca. Cette vallée mesure sans doute cinquante kilomètres de large pour une longueur bien plus grande. Il y a quelque deux mille ans, les Zapotèques ont arasé le sommet pour y aménager une plate-forme. Le mont ressemble désormais à un tronc de pyramide érigé dans la vallée. Le sol de la plate-forme était à l'origine crépi, lisse comme un miroir. S'y dressaient des temples et des pyramides. On ignore la fonction de chaque bâtiment tout comme leur disposition et leur orientation. Ce qu'on sait en revanche, c'est que les Zapotèques observaient très précisément l'univers et qu'ils en avaient reproduit sur cette plate-forme leur interprétation. Il faut alors s'imaginer comment on accédait depuis la vallée d'Oaxaca à cette montagne, comment on la gravissait et, une fois en haut, sur un sol parfaitement horizontal, comment on pénétrait l'espace entre les pyramides. On se retrouve entre le ciel et une énorme plate-forme, entouré d'objets qui reflètent l'univers. Vous avez alors l'impression de vous trouver sur un objet immense qui parcourt l'univers. Une incroyable sensation d'espace aux dimensions gigantesques

Fatehpur Sikri en Inde, construit par le Grand Moghol Akbar durant la seconde moitié du XVIe siècle. Tout, absolument tout ce que vous voyez sur cette image est dans un matériau unique, en pierre. Une pierre très dure. Ce bâtiment est la fusion de deux contraires matérialisés : la culture monothéiste de l'islam et le polythéisme hindou. La fusion entre représentation abstraite et représentation concrète. Fatehpur Sikri est ce que j'ai vu de plus beau. Cela correspond à tout ce que je qualifierais de beau et de passionnel.

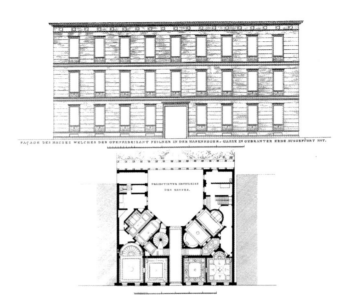

FAÇADE DES HAUSES WELCHES DER OFENFABRIKANT FEILNER IN DER HASENHEGER- GASSE IN GEBRANTER ERDE AUSGEFÜHRT HAT.

PROJECTIRTER GRUNDRISS DES HAUSES.

Un bâtiment de Karl Friedrich Schinkel situé à Berlin, qui hélas n'existe plus. On y reconnaît une façade régulière et symétrique. Cela donne aussitôt à penser que le bâtiment a une disposition claire et intelligible. Cette première impression est toutefois bien trompeuse : elle cache en fait la prodigieuse complexité d'un agencement presque labyrinthique. Notons aussi que le plan a été doté d'un titre très compliqué : « Façade de la maison que le fabricant de fourneaux Feilner a réalisée en terre cuite dans la Hasenheger-Gasse ». Une histoire détaillée ! Allons dans la pièce directement à droite de l'entrée. On entre dans la demeure par un corridor, on tourne ensuite à gauche, on gravit un escalier et on se dirige légèrement à droite vers une pièce terminée par une abside ronde avec une fenêtre donnant sur la cour. Là on tourne à angle droit et, par un couloir, on accède à une autre chambre, cette fois directement par l'abside. Cette pièce est pourvue de deux fenêtres donnant sur la rue. Et alors enfin, par une autre porte, on arrive à la pièce dont nous avons parlé au début, à côté de l'axe de symétrie. Si ce n'est déjà fait, arrivé là vous avez perdu le sens de l'orientation, vous n'avez plus de repère par rapport au cheminement habituel dans une structure architecturale…

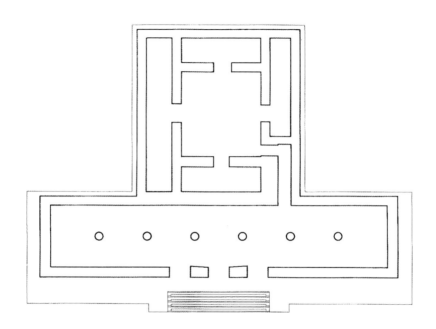

Vous découvrez un plan de Mitla, un temple précolombien vieux de quelque deux millénaires. Les deux pièces principales présentent un intérêt particulier, l'une en bas, oblongue, l'autre en haut, carrée. Bien que la plus longue soit décorée de colonnes, la plus importante est la carrée ; il s'agit en effet de la pièce centrale. Elle est d'ailleurs située plus profondément dans le temple. C'est un but et non un passage. Le couloir qui relie les deux n'est pas dans les axes, il se divise en deux zones à peine en contact. Il n'occupe qu'une place de second rang au sein du système général. Dans cette architecture, ce ne sont ni la symbolique ni les motifs qui offrent la signification essentielle, mais la géométrie et l'emplacement des pièces.

Le Palazzo dei Priori de Volterra. Son soubassement mouluré donne l'impression qu'il flotte un peu au dessus du sol. Le bâtiment se dresse tel un meuble dans la ville, c'est un pur objet. Magnifique. La véri table antithèse de la conception actuelle d'une ville sans objet, un concept terrible imaginé par des architectes incapables qui propagent une architecture sans auteurs.

Santa Catalina au Pérou, un couvent à Arequipa. Cette ville a été fondée au XVIe siècle par les Espagnols dans le désert. Le couvent doit être compris comme un quartier de la ville. Il mesure plusieurs centaines de mètres de long et de large. Les rues à angle droit traversent l'enceinte religieuse comme n'importe quel quartier de la ville. On y pénètre presque sans s'en apercevoir, seules les grandes portes, clôturant les voies d'accès en laissent percevoir les limites. Les teintes sont intéressantes : brun-rouge et bleu. Les rues publiques sont brun-rouge et les espaces réservés aux sœurs, bleus. Les cellules sont dématérialisées et les voies, terrestres. Une opposition forte dérivée d'une réflexion profonde. Une idée précise avec une intention substantielle.

La table de notre cuisine à Flims. Ma femme et moi aimons beaucoup manger italien. En tout cas plus volontiers que français. Quand vous avez en bouche un mets italien, vous n'avez qu'un seul arôme, pas comme avec un plat français où vous goûtez toujours une foule d'arômes différents, un mélange de saveurs innombrables, un panachage qui peut être réussi ou raté. Je suis convaincu qu'un architecte digne représentant de son art doit savoir – est obligé de savoir mieux – quel mets lui convient.

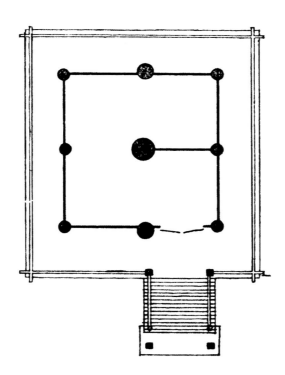

Le plan du sanctuaire Izumo-Taisha au Japon, une construction tout en bois. Il y a neuf piliers, tous des troncs écorcés. Au centre de l'espace carré, on distingue le pilier le plus épais, le plus gros tronc. Il maintient en quelque sorte le bâtiment en position, même en cas de fort vent latéral. À l'instar du tronc d'un arbre qui, tout en portant sa couronne, empêche l'arbre de tomber. L'accès à la pièce est asymé-rique et on découvre une paroi accolée au pilier central, privant ainsi l'espace intérieur de son centre. Sans cette paroi, la pièce serait dominée par un pilier qui serait alors célébré de manière inconsidéré-ment forte. Cette simple cloison évite une mauvaise lecture de cet espace.

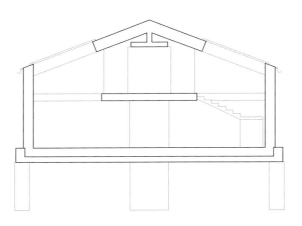

J'en arrive maintenant au dernier projet : notre bureau, que nous avons construit il y a deux ans à Flims. Comme pour la maison de Scharans, il y avait ici aussi une étable qui a dû être démolie et dont les contours devaient être assez précisément restitués. Par conséquent, la forme, la répartition et la masse ont dû être déterminés en fonction de circonstances extérieures. Dans cette coupe, vous reconnaissez le bâtiment sur pilotis avec deux étages qui abritent le bureau. Il y a environ 110 m² par niveau. Cela signifie que nous nous limitons à un nombre restreint de personnes et que nous ne souhaitons pas disposer d'un grand bureau. C'est une décision volontaire. De plus, on distingue de grandes fenêtres du toit qui éclairent l'intérieur. La partie inférieure, en quelque sorte la table avec pieds, est en béton tandis que la partie supérieure – chauffée – est en bois. Les règlements de la commune de Flims prescrivent une construction en bois ou crépie. Nous avons opté pour le bois.

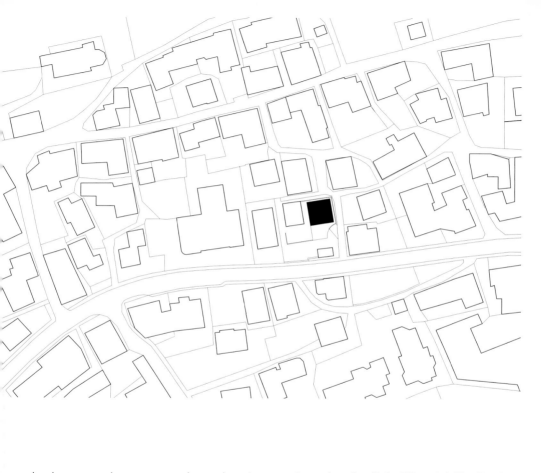

gauche du nouveau bureau, marqué en noir, se trouve notre maison familiale. Elle est vieille d'environ
eux cent cinquante ans et a fait l'objet de constantes transformations par mon père, sa vie durant ;
omme je l'ai déjà mentionné, il était aussi architecte. Depuis sa mort, nous y habitons. Pendant de
ombreuses années seulement le week-end, désormais en permanence.

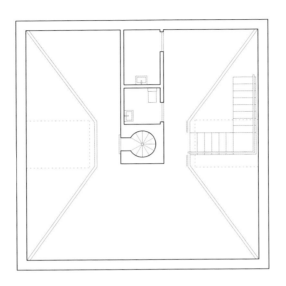

Je vais vous expliquer les plans du nouveau bâtiment en commençant par les combles. S'y trouvent une salle de réunion, une kitchenette et des toilettes. À gauche et à droite de ce noyau central se trouvent les grandes ouvertures verticales qui sont vitrées pour des raisons acoustiques et à travers lesquelles l'on peut voir l'étage inférieur. Elles laissent passer la lumière du jour vers le bas.

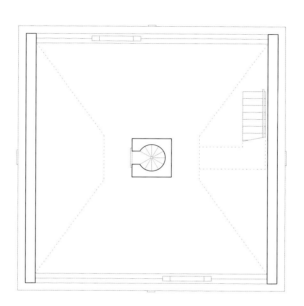

l'étage principal où nous travaillons. Selon la disposition des tables, 12 à 16 personnes peuvent s'y tenir. L'entrée principale se situe en haut du plan. Vous avez ensuite à droite un escalier qui conduit à la salle de réunion dans les combles. Tous les espaces de notre bureau sont ainsi faciles d'accès. Au centre, vous voyez un escalier à vis très étroit. Seuls ma femme et moi l'empruntons. C'est là que commence ce qu'on peut appeler notre espace privé. Cet escalier relie la zone de travail avec le jardin ouvert et les places de stationnement privées. De là, nous parvenons à notre jardin et à notre maison d'habitation. Nous pouvons donc, à partir de là, accéder à tous les niveaux ou disparaître quand bon nous semble. La cage d'escalier est en béton, le seul élément dans ce matériau, avec l'escalier libre, au milieu d'une construction entièrement en bois.

Nous nous trouvons maintenant dans le jardin sous le bâtiment. Vous apercevez des piliers de différentes sections. Les plus fins ne supportent que la dalle de béton. Au-dessus d'eux, il n'y a qu'une baie vitrée, ils n'ont donc pas de charge supplémentaire. Sur les piliers épais, à gauche et à droite, s'appuient non seulement la dalle de béton, mais aussi les murs latéraux de la construction en bois. Ce sont ces piliers qui transfèrent aux fondations l'essentiel des charges de la construction en bois et du poids de la neige sur le toit. Vous distinguez aussi au centre le noyau en béton qui, d'une part, supporte l'ensemble des charges verticales du bâtiment et, d'autre part, réagit aux poussées horizontales, par exemple du vent ou des séismes. Ce noyau constitue en quelque sorte le tronc qui empêche l'arbre de se renverser

Vue vers le haut à partir de la rue principale. La maison est en sapin que nous avons teinté en noir. À gauche, légèrement cachée, vous distinguez notre maison, blanche.

Il n'y a pas de pilier d'angle, comme on en voit d'ordinaire. Le jardin couvert est réellement un espace extérieur, sans les habituelles délimitations aux angles. Dans le fond, vous apercevez notre maison ; elle se dresse sur un gazon. Elle est toute blanche – sa vie durant, mon père n'a construit que des maisons blanches. Le bureau, noir, s'élève sur de l'asphalte. Nous habitons dans la maison blanche et nou travaillons dans la noire. Je suis convaincu que les espaces blancs sont de nature introvertie et le noirs, de nature extravertie. La limite entre l'asphalte et la pelouse marque exactement l'axe central d terrain. Les deux revêtements de sol, sur lesquels se dressent nos deux maisons, s'y rencontrent.

Le mur en béton dans le fond retient la pente environnante. Le bâtiment et le mur ne se touchent pas, il y a un interstice d'environ trente centimètres. Le revêtement de la rue, de l'espace public, est en asphalte. Dès que la porte du garage s'ouvre, le jardin couvert devient une partie de la rue. Ou plus important, la rue devient une partie de mon jardin. L'ouverture – la fermeture – du portail transforme fortement la nature du jardin.

Vue en direction du mur en amont. La surface du béton, des plus banale, se patinera avec le temps.

Vous discernez ici les dimensions des encorbellements, possibles grâce au béton précontraint.

Vue arrière. Le bâtiment semble se dresser sur un puissant soubassement. À droite de la baie vitrée, l'entrée officielle du bureau.

l'intérieur. Ici aussi tout est en bois teinté noir. La raison en est que la couleur noire correspond, comme je l'ai déjà mentionné, à mon idée qu'un espace très sombre est extraverti et donc public. Tout le contraire d'un espace clair. Par le passé, nous avons beaucoup voyagé en Amérique et visité plus de cinquante maisons de Frank Lloyd Wright. En particulier, dans les constructions les plus anciennes, les fenêtres sont très petites par rapport à la surface de la façade et les matériaux retenus pour l'intérieur souvent très sombres. Malgré cela, tous ces espaces entretiennent un très fort rapport avec l'extérieur. Le paysage environnant resplendit véritablement, l'extérieur est très présent et les parois intérieures sombres ne se reflètent pas dans les fenêtres lorsqu'on regarde au-dehors. Les pièces sombres passent à l'arrière-plan et sont dominées par l'environnement. En revanche, les structures blanc neige, ouvertes, de Richard Meier par exemple, produisent un effet très fermé. Les espaces intérieurs sont clairés et repliés sur eux-mêmes, les parois blanches se reflètent sur les vitres quand on regarde à extérieur. Les baies vitrées se muent en membranes de clôture. C'est pourquoi nous avons opté pour ne maison noire. Chez nous, le plafond est bas et, grâce au format horizontal de la fenêtre, la pièce devient un poste d'observation en accord avec notre manière de regarder les choses, définie chez homme par la ligne horizontale des yeux. Contrastant avec le noir qui recule à l'arrière-plan, les tables e travail sont des îles blanches, en plastique blanc.

Vous voyez ici comment la lumière des grandes fenêtres zénithales éclaire l'intérieur.

...ncore une situation entre extérieur et intérieur. À droite, l'escalier conduisant aux combles.

La salle de réunion dans les combles. Nous nous y retrouvons pour développer nos projets.

Nous avons étudié la teinte du bois avec un technicien des matériaux. Elle se compose de trois couches. Eau, alcool à brûler et huile de lin, toujours enrichis de pigments noirs. L'huile de lin est appliquée en dernier pour obtenir un délicat éclat.

étage principal. À droite en haut, on distingue le reflet dans les vitrages des combles.

Dernière image. À cette table s'assied le collaborateur responsable du projet, qui a construit notr
bureau – pour ainsi dire éclairé d'en haut.

Crédits photographiques   1 Exposition photos ETH, Zurich © Walter Mair, Zurich   2 Photos Centre d'informations du Parc national suisse, Zernez © Miguel Verme, Coire   3–4 / 6–9 Plans Centre d'informations du Parc national suisse, Zernez © Archives Olgiati, Flims   5 Diagramme, béton isolant blanc © Archives Olgiati, Flims   10–25 Photos Centre d'informations du Parc national suisse, Zernez © Miguel Verme, Coire   26–29 Plans atelier Bardill, Scharans © Archives Olgiati, Flims   30–31 Photos revêtement atelier Bardill, Scharans © Archives Olgiati, Flims   32–45 Photos atelier Bardill, Scharans © Archives Olgiati, Flims   46 Exposition photos ETH, Zurich © Archives Olgiati, Flims   47–52 Plans Learning Center EPFL, Lausanne © Archives Olgiati, Flims   53–58 Diagramme Learning Center EPFL, Lausanne © Archives Olgiati, Flims   59–62 Photos maquette Learning Center EPFL, Lausanne © Archives Olgiati, Flims   63–65 / 67 Rendering Learning Center EPFL, Lausanne © total real, Zurich   66 Rendering Learning Center EPFL, Lausanne © Meyer Dudesek, Zurich   68 Exposition photos ETH, Zurich © Archives Olgiati, Flims   69 Autobiographie iconographique © Archives Olgiati, Flims   70 Jean Dubois, Villa Canzi et Torno (Lac de Côme), vers 1840 © Archives Olgiati, Flims   71 Koshikake-ari-tsugi, assemblage japonais en queue d'aronde, tiré de : Kiyosi Seike, *The Art of Japanese Joinery,* New York / Tokyo, 1977   72 Appareil inca Machu Picchu / Pérou, vers 1440 © Archives Olgiati, Flims   73 Plan de maison patricienne (Schlössli Parpan, vers 1550), tiré de : Poeschel Erwin, *Das Bürgerhaus im Kanton Graubünden* (*Das Bürgerhaus in der Schweiz,* vol. XII, XIV, XVI), éd. par Schweizerisches Ingenieur- und Architektenverein, 3 vol., Zurich 1923–1925. 1re partie : Südliche Talschaften / 2e partie : Nördliche Talschaften A / 3e partie : Nördliche Talschaften B   74 Taj Mahal, Agra / Inde, 1631–1653 © Archives Olgiati, Flims   75 Miniature indienne, vers 1880 © Archives Olgiati, Flims   76 Monte Albán / Mexique, 200–900 apr. J.-C. © Archives Olgiati, Flims   77 Diwan-i-Khas, Fatehpur Sikri / Inde, 1569–1574 © Archives Olgiati, Flims   78 Karl Friedrich Schinkel : « *Façade de la maison que le fabricant de fourneaux Feilner a réalisée en terre cuite dans la Hasenheger-Gasse* » et « *Plan en projection »,* tiré de K.F. Schinkel, Collected Architectural Designs, Academy Editions, Londres, 1982   79 Plan du Palais des colonnes, Mitla / Mexique, vers 1200 apr. J.-C., tiré de : Jean Duret in Henri Stierlin, *Das Alte Mexiko,* Berlin, 1990   80 Maestro Riccardo, Palazzo dei Priori, Volterra / Italie, 1208–1254. © Archivi Alinari, Firenze, tiré de : Giuseppe Delogu, *Italienische Baukunst : eine Anthologie vom 11. bis 19. Jahrhundert,* Zurich, 1946   81 Monastère Santa Catalina, Arequipa / Pérou, 1580 © Archives Olgiati, Flims   82 Table de cuisine dans la maison Valerio Olgiati, Flims / Suisse © Archives Olgiati, Flims   83 Honden, Izumo no Ōyashiro, Izumo / Japon, 1744   84–88 Plans bureau de Valerio Olgiati © Archives Olgiati, Flims   89–102 Photos bureau de Valerio Olgiati © Archives Olgiati, Flims   Malgré tous nos efforts, certains titulaires des droits de reproduction n'ont pu être identifiés ; ces droits restent néanmoins préservés. Que leurs titulaires veuillent bien se faire connaître auprès de l'éditeur.

Olgiati   Une Conférence de Valerio Olgiati   Valerio Olgiati a présenté en allemand une conférence traduit en différentes langues.   Concept : Valerio Olgiati ; maquette : Dino Simonett et Bruno Margreth coordination : Andrea Wiegelmann ; traduction : Thomas de Kayser ; révision : Laurent Stalder, Nicolas Rüst ;   informations bibliographiques : Deutsche Nationalbibliothek ; cet ouvrage figure dans le catalogue de la Deutsche Nationalbibliothek ; on trouvera également sur internet une bibliographie détaillée : http://dnb.d-nb.de.   © 2011 Birkhäuser GmbH, Bâle ; boîte postale, CH-4002 Bâle ; une filiale de ActarBirkhäuser.   Imprimé en Allemagne   ISBN 978-3-0346-0784-1   Cet ouvrage est également publié en allemand ISBN 978-3-0346-0782-7, en anglais ISBN 978-3-0346-0783-4, en italien ISBN 978-3-0346-0785-8, en espagnol ISBN 978-3-0346-0787-2 et en japonais ISBN 978-3-0346-0786-5   9 8 7 6 5 4 3 2 1   www.birkhauser.com